Mapas de nuestro mundo

Sandy Phan

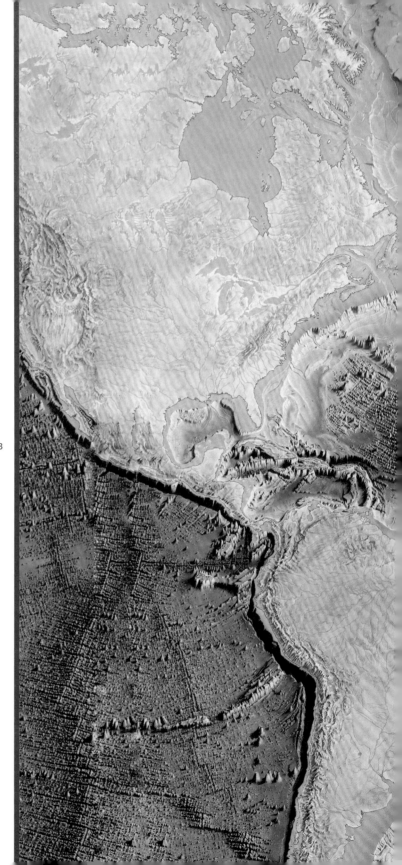

Asesoras

Shelley Scudder
Maestra de educación de
estudiantes dotados
Broward County Schools

Caryn Williams, M.S.Ed.
Madison County Schools
Huntsville, AL

Créditos de publicación

Conni Medina, M.A.Ed., *Gerente editorial*
Lee Aucoin, *Diseñadora de multimedia
    principal*
Torrey Maloof, *Editora*
Marissa Rodriguez, *Diseñadora*
Stephanie Reid, *Editora de fotos*
Traducción de Santiago Ochoa
Rachelle Cracchiolo, M.S.Ed., *Editora
    comercial*

Créditos de imágenes: págs. 2–3,
28–29 Alamy; págs. 24–25 Getty Images;
pág. 29 (arriba) iStockphoto; págs. 7, 10
Mapping Specialists; pág. 4 dpa/picture-
alliance/Newscom; pág. 9 Newscom; pág. 13
ZUMA Press/Newscom; todas las demás
imágenes pertenecen a Shutterstock.

Teacher Created Materials
5301 Oceanus Drive
Huntington Beach, CA 92649-1030
http://www.tcmpub.com
ISBN 978-1-4938-0545-7
© 2016 Teacher Created Materials, Inc.

Índice

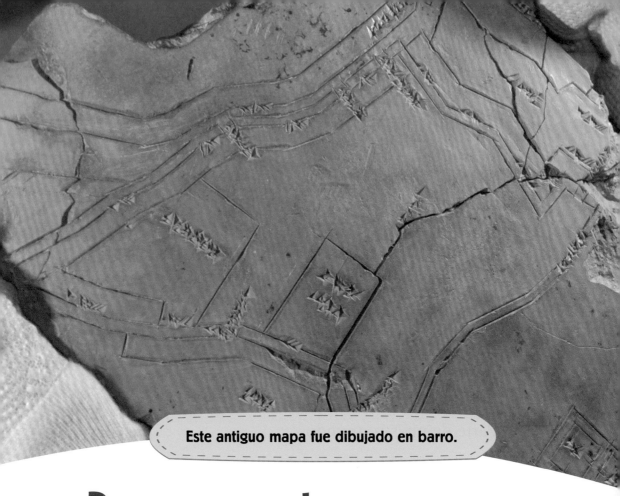

Este antiguo mapa fue dibujado en barro.

Representando nuestro mundo

Los mapas nos ayudan a saber dónde estamos. Muestran cómo convergen los terrenos, el agua y los distintos lugares de la Tierra. Hace mucho tiempo, las personas dibujaban mapas en barro, en cortezas y en pieles de animales. Usaban los mapas para moverse y encontrar comida y agua.

Estos estudiantes usan un globo terráqueo.

Hoy en día podemos mirar un globo terráqueo. Es un modelo de la Tierra. También tenemos mapas planos. Hay incluso mapas electrónicos. Todos estos diferentes tipos de mapas nos ayudan a ver nuestro mundo.

Los elementos de un mapa

Un mapa es una imagen pequeña de una zona grande. Los mapas tienen muchos elementos. La rosa de los vientos muestra las cuatro direcciones: norte, sur, este y oeste. Algunos mapas solo tienen una flecha que apunta hacia el norte. Algunos mapas tienen escalas. Las escalas muestran una longitud en un mapa que equivale a la distancia real.

Esta es una rosa de los vientos.

Los mapas también tienen leyendas, a veces llamadas *convenciones*. La leyenda nos dice lo que significan los símbolos, líneas y colores de un mapa. Conocer estos elementos te puede ayudar a leer y a comprender mejor los mapas.

Este mapa tiene una escala, una leyenda y una rosa de los vientos.

Coordenadas geográficas

Las coordenadas geográficas son un conjunto de líneas imaginarias en un mapa. Estas líneas nos ayudan a encontrar lugares en la superficie de la Tierra.

Las líneas de **latitud** van de este a oeste. Las líneas de **longitud** van de norte a sur.

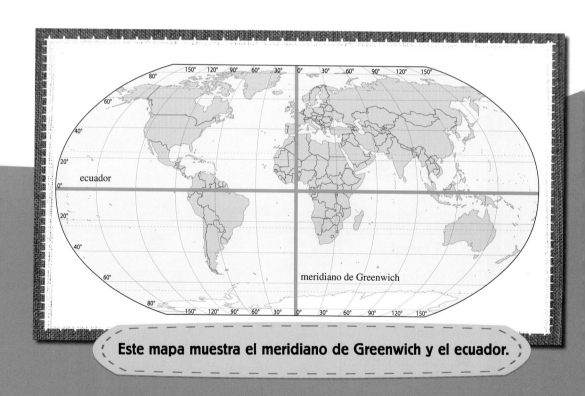

Este mapa muestra el meridiano de Greenwich y el ecuador.

El **ecuador** es una línea de latitud. Se encuentra en el centro exacto de la Tierra. El **meridiano de Greenwich** es una línea de longitud. El meridiano de Greenwich y el ecuador son los puntos de partida para las coordenadas geográficas.

Este hombre usa coordenadas geográficas para encontrar un lugar en la Tierra.

Los siete continentes

Los **mapas físicos** muestran cómo la naturaleza da forma al mundo. Muestran los accidentes geográficos, como las montañas, los valles y las llanuras. Los **mapas políticos** muestran las fronteras entre los lugares. Muestran cómo las personas han dividido la tierra.

Elevación

La elevación también se puede mostrar en los mapas físicos. La elevación es la altura de un lugar.

ELEVACIÓN

pies

10,000+
5,000
2,000
1,000
500
0

Este mapa muestra diferentes elevaciones de América del Sur.

El agua cubre dos tercios de la superficie de la Tierra. La mayoría de esta agua se encuentra en los océanos. El agua también se puede encontrar en lagos, ríos y arroyos. Siete **continentes**, o masas de tierra, conforman el resto de la superficie de la Tierra.

Este mapa muestra los siete continentes.

Asia

Asia es el continente más grande de la Tierra. Más de la mitad de los habitantes del mundo vive en Asia. La mayor parte de estas personas vive en China e India.

Un país grande

Rusia es el país más grande del mundo. Se extiende a través de dos continentes: ¡Europa y Asia!

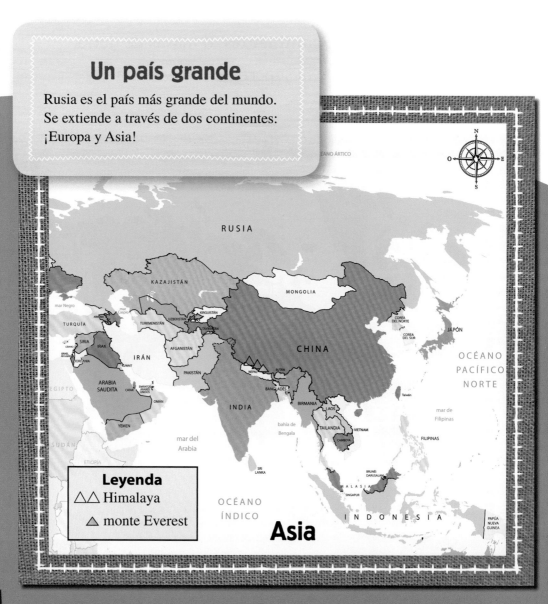

Las montañas del Himalaya se encuentran en Asia. Estas montañas tienen más de 100 picos. El monte Everest es uno de ellos. Es la montaña más alta del mundo.

El mar Muerto, el punto más bajo de la Tierra, también está en Asia. Se encuentra entre Israel y Jordania. Si nadas en el mar Muerto, ¡flotarás fácilmente! Esto se debe a que hay mucha sal en el agua.

Algunas personas subiendo a la cima del monte Everest.

África

África es el segundo continente más grande. El
desierto del Sahara ocupa casi toda la mitad norte del
continente. Es el desierto más grande del mundo. El río
Nilo corre hacia el norte a través de África. ¡Es el río más
largo del mundo! En el norte de Egipto se encuentran las
famosas pirámides de Guiza.

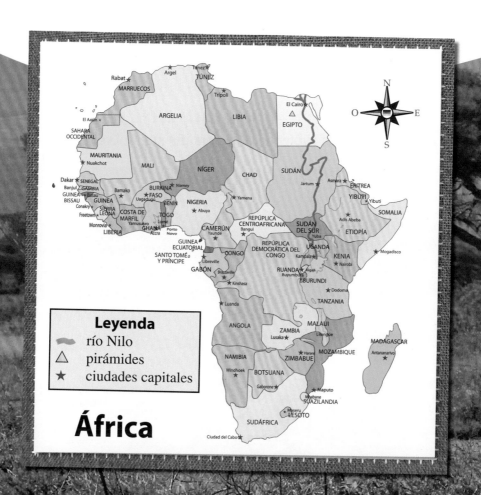

África es también hogar de muchos animales. Tanzania es un país que tiene mucha vida silvestre. Ahí viven hipopótamos y jirafas. También hay leones y leopardos. ¡Los elefantes y cebras recorren el paisaje!

Este es un elefante africano.

Leyenda
△ monte McKinley
▨ escudo canadiense
▢ Valle de la Muerte

América del Norte

América del Norte

América del Norte es el tercer continente más grande del mundo. El punto más alto de este continente es el monte McKinley. Está en Alaska. El punto más bajo es el Valle de la Muerte. Está en California. ¡América del Norte está conformada por algunas de las rocas más antiguas del mundo! A estas rocas se les conoce como el escudo canadiense.

Las Montañas Rocosas se extienden a través de gran parte de América del Norte.

Los **recursos naturales** provienen de la naturaleza. Son cosas como la madera, la tierra y el petróleo. Estos se usan para hacer otras cosas. América del Norte tiene muchos recursos naturales. Cuenta con grandes bosques y un suelo fértil. Este tipo de recursos ayuda a los países de América del Norte a generar dinero.

América del Sur

América del Sur es otro continente. La mayoría de América del Sur tiene un clima **tropical**. Esto significa que casi todo el tiempo es cálido. La cordillera de los Andes se encuentra en América del Sur. ¡Es la cordillera más larga del mundo! Se extiende a lo largo de todo el continente.

América del Sur

El río Amazonas también está en América del Sur. Por este río fluye más agua que en cualquier otro río del mundo. La selva amazónica también está en América del Sur. Es el mayor bosque tropical del mundo. Hay millones de animales, insectos y plantas. ¡Hay tantos que se siguen descubriendo nuevas especies!

Salvemos la selva tropical

Las personas llevan muchos años talando la selva. Usan los árboles para obtener madera, hacer papel, medicinas y otras cosas. Todo esto es importante, pero las selvas tropicales también lo son. Tenemos que protegerlas.

Este es un ciempiés gigante.

Esta es una catarata en la selva amazónica.

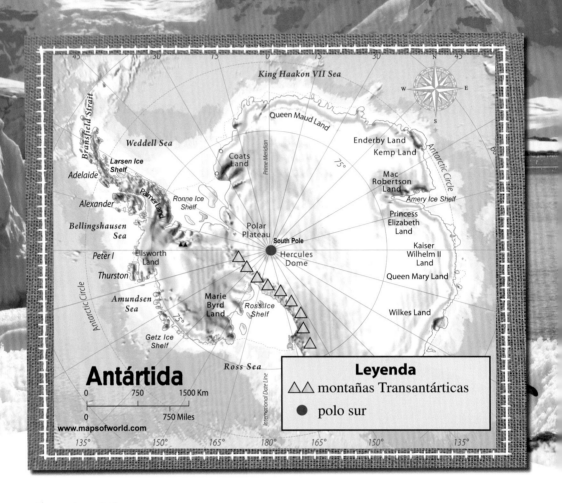

King Haakon VII Sea

Queen Maud Land

Enderby Land
Kemp Land

Coats
Land

Bransfield Strait

Weddell Sea

Larsen Ice
Shelf

Adelaide

Alexander

Palmer Land

Ronne Ice
Shelf

Mac
Robertson
Land

Amery Ice Shelf

Antarctic Circle

Prime Meridian

Bellingshausen
Sea

Peter I

Ellsworth
Land

Polar
Plateau

South Pole

Hercules
Dome

Princess
Elizabeth
Land

Kaiser
Wilhelm II
Land

Queen Mary Land

Thurston

Antarctic Circle

Amundsen
Sea

Marie
Byrd
Land

Ross Ice
Shelf

Wilkes Land

Getz Ice
Shelf

Ross Sea

International Date Line

Antártida

0   750   1500 Km

0   750 Miles

www.mapsofworld.com

Leyenda

△△ montañas Transantárticas

● polo sur

Antártida

La Antártida es otro continente. La mayor parte de la Antártida está cubierta por capas de hielo. Las capas de hielo son áreas de hielo muy grandes y gruesas. El polo sur se encuentra en el centro de este continente. La temperatura más fría registrada en la Tierra fue tomada allí. Fue de –76 °F (–60 °C). ¡Esto es más de 100 grados Fahrenheit bajo el punto de congelación!

Estos pingüinos están en la Antártida.

Aunque en la Antártida hace mucho frío, hay plantas y animales que viven en este continente, o cerca de él. Hay 45 tipos de aves. Esto incluye a los pingüinos. En las aguas que rodean este continente también viven ballenas y focas.

Europa

El continente europeo tiene muchas islas y **penínsulas**. Las penínsulas son accidentes geográficos rodeados de agua por tres lados. Esto significa que la mayoría de los lugares en Europa están cerca del agua.

Europa tiene muchas ciudades famosas. Puedes
visitar Londres, Inglaterra, y ver el Puente de la Torre.
Fue construido en 1894 en el río Támesis. Es uno de los
puentes más famosos del mundo. O puedes visitar París,
Francia, y ver la Torre Eiffel. Fue construida en 1889.
¡Muchas ciudades de Europa son viejas y tienen muchas
historias que contar!

Este es el Puente de la Torre de Londres, Inglaterra.

Esta es París, Francia.

Australia

Australia es el continente más pequeño. Es el único continente que tiene un solo país. Gran parte de Australia tiene un clima árido. Esto significa que no llueve mucho. Es caliente en su mayor parte.

el Gran Arrecife de Coral

Muchas personas visitan Australia. Algunos van a ver el Gran Arrecife de Coral. Este se compone de la mayor cantidad de coral que hay en el mundo. Hay por lo menos 300 tipos de corales en el arrecife. Australia también es conocida por sus animales singulares. ¡Hay canguros, koalas y cucaburras!

Vacaciones de verano

Australia se encuentra en el hemisferio sur. Esto significa que está al sur del ecuador. Debido a esto, los meses de invierno en Australia son de junio a agosto. El verano es de diciembre a febrero. Por esto, ¡la Navidad de Australia tiene lugar en el verano!

Estos koalas están durmiendo.

Parte de nuestro mundo

Los mapas nos recuerdan lo grande que es nuestro mundo. Nos muestran todos los países y los diferentes accidentes geográficos. Nos ayudan a entender los climas y recursos. Los mapas nos revelan cómo los lugares y las personas trabajan juntas. Nos muestran cómo las personas y la naturaleza dan forma a nuestro mundo.

Esta niña usa un globo para explorar el mundo.

Los mapas nos permiten explorar nuestro mundo.
Nos pueden ayudar a encontrar nuestro camino. Hacer
mapas de nuestro mundo nos ayuda a entender mejor la
Tierra, y también unos a otros.

Este niño usa un mapa para encontrar una zona de campamento.

¡Haz un mapa!

   ¡Usa tu imaginación! Piensa en un nuevo continente. Haz un mapa de ese lugar. Asegúrate de incluir accidentes geográficos y una leyenda. Habla acerca de tu mapa con un amigo o con un miembro de tu familia.

Este es un mapa de un continente imaginario.

⌒⌒	carreteras
- - -	caminos
⬭	construcciones
⌇	ríos
●	paradas
⋀⋀⋀	colinas
	mar
	orilla
	bosque
	terreno

Esta niña está imaginando un nuevo continente.

- carreteras
- caminos
- construcciones
- ríos
- paradas
- colinas
- mar
- orilla
- bosque
- terreno

Esta es la leyenda del mapa.

Glosario

continentes: las siete grandes masas continentales que forman la Tierra

ecuador: la línea de latitud que está a la misma distancia del polo norte y del polo sur

latitud: líneas imaginarias que van de este a oeste alrededor de la Tierra

longitud: líneas imaginarias que van desde el polo norte hasta el polo sur

mapas físicos: mapas que muestran la tierra y el agua de un lugar

mapas políticos: mapas que muestran cómo las personas han dividido la tierra

meridiano de Greenwich: la línea de longitud que va desde el polo norte hasta el polo sur, y que pasa por Greenwich, Inglaterra

penínsulas: áreas de tierra rodeadas por agua en tres lados

recursos naturales: materiales que se encuentran en la naturaleza, como el agua o la madera

tropical: lo relacionado con la parte del mundo que está cerca del ecuador, donde el clima es muy caliente

Índice analítico

¡Tu turno!

Empaca tus maletas

Estos niños usan un globo terráqueo para encontrar continentes. Pueden encontrar lugares que no han visitado nunca.

Después de leer este libro, ¿qué continente te gustaría visitar? ¿Por qué? Escribe una lista de lo que empacarías para llevar en un viaje a ese continente.